Hans Scheibner Lästerlyrik

HANS SCHEIBNER

Wenn die Nachtigall zuschlägt

LÄSTERLYRIK

CHRISTIANS VERLAG

Satz und Druck: Christians-Druckerei
Umschlaggestaltung: Klaus Witt
Layout: Bruno Büsche
Mit 4 Illustrationen der Bergedorfer
Malerin Grete Schildknecht
ISBN 3-7672-0243-3
Printed in Germany 1973

STRENG VERTRAULICHES ÜBER HERRN ES

Herr Es fühlt sich in diese Welt
wie aus Versehn hineingestellt,
bemüht sich allerdings inzwischen,
den schlechten Eindruck zu verwischen,
liest Zeitung, nörgelt und trinkt Bier,
sieht fern wie alle Leute hier
und unterschlägt dem Meldeamt,
daß er von ganz woanders stammt.

Nur manchmal, beispielsweise, wenn
man ihn direkt fragt, ob er denn
nicht auch für Recht und Ordnung sei,
für Fortschritt, Aufstieg, Polizei,
beherrscht er nur mit Mühe sich
und sagt: Ja, ja. Versehentlich.

766667

Herr Es, der seine Hosen waschen
wollt' lassen, fand in deren Taschen
den Zettel, worauf stand geschrieben:
Tel. Sieben-sechs sechs-sechs sechs-sieben.

Sich nicht erinnern könnend, wär' er
dem Drang erlegen fast, zum Hörer
zu greifen, um zu Postgebühren
den dunklen Code zu dechiffrieren.

Doch kaum ertönt kurz-lang, kurz-lang,
besiegt er seinen Wissensdrang
und legt die Nummer aus der Hose
andächtig in die grüne Dose.

Wenn alle ihn dereinst verlassen,
Gott, Teufel, Frau und Bausparkassen,
wenn sie ihn holen kommen, dann,
wenn nichts mehr hilft, ruft er ihn an,
den einzigen, der ihm geblieben:
Tel. 76 66 67.

Manchmal geht Herr Es auf Tagesklau.
Wenn Herr Zet nicht hinsieht, schnappt er schlau
ein Stück Vormittag ihm weg. Im schlimmsten Fall
einen ganzen Leistungsintervall,
um sich aus den so erschlichenen Stücken
einen vollen Tag zusamm'zuflicken.

Den verjuxt er dann bei Leuten
oder Phantasien, die gleichfalls nichts bedeuten.
Schlägt jedoch betrübt die Augen nieder,
nickt verständnisvoll und seufzt dabei,
wenn Herr Zet ruft, *wo schon wieder*
seine Zeit geblieben sei!

HERR Es pflegt sich in Gottesfragen
sehr unvernünftig zu betragen.
Er sieht zum Beispiel hocherfreut:
Kein Denkender ist mehr bereit,
der Kirche Steuern zu entrichten,
um Gott zur Nachsicht zu verpflichten,
denn – so denkt der, der denken kann –
Gott kommt es nicht auf Steuern an.

HERR Es jedoch, da er gelernt,
Gott sei unendlich weit entfernt
von unsrer Weisheit – überhaupt
vollkommen anders als man glaubt,
denkt also grade umgekehrt:
Gott legt auf Steuern größten Wert
und sieht mit göttlichem Ergrimmen,
daß seine Kohlen nicht mehr stimmen.

Drum zahlt HERR Es und denkt sich: Fein,
bald zahl' nur ich noch, ich allein.
Mensch, Gott! kannst du mir dankbar sein!

Herr Es gestand einmal, wie soll man sagen,
andeutungsweise: die Entscheidung sei
gewissermaßen, wie in solchen Fragen
schlechthin, wenn auch nicht zweifelsfrei,
so doch sowohl und unbedingt als auch,
und andrerseits wie freilich nirgendwo.

Drauf warnte ihn Herr Zet vor dem Gebrauch
eindeutiger Versprechungen und so ...

Herr Es jedoch entgegnete, es schade
der klaren Sache nie ein klares Wort,
zumindest nicht bis zu gewissem Grade
und falls man und so weiter und so fort.

Wenn HERR Es jedoch mal wieder
einen kleinen Mord begangen hat,
sind Herr Zet und er die dicksten Brüder.
Und Herr Zet beleuchtet seine Tat
und beweist HERRN Es, daß grade diese
Fähigkeit zum Unmensch-Sein bewiese,
daß HERR Es ein Mensch ist und
seine Schwächen erst als Hintergrund
seine Stärken als die großen Taten
eines Dennoch-Kämpfenden verraten.

Zwar erscheint HERRN Es dies alles etwas kühn,
doch er merkt schon: es beruhigt ihn.
„Eigentlich ja doch ganz nett",
denkt er zärtlich, „dieser Zet."

In seinem Eigensinn kann sich HERR Es
zu dem Versuch versteifen,
zum Beispiel, sagen wir: die Sonne zu begreifen.

Unter Hintansetzung marxistischer Ideen
und überhaupt: schwänzt er das Weltgeschehen;

greift sich den ersten besten Morgensonnenschein,
schließt sich im finstern Heizungskeller ein,

um dort, geschlossnen Augs, ein Buch zu wälzen:
Die Massedifferenz beim Wasserstoffverschmelzen.

Rückkehrend strahlt er vor Erkenntnisglanz.
„Ja!“ ruft er, „ich begreife, ich begreife – noch nicht ganz!“

HERR ES ERLÄUTERT SEINE POLITISCHE UNZULÄNGLICHKEIT

In Politik mich einzumischen,
bin ich mindestens viel zu dumm.
Statt Krieg lieb ich Frieden
und sonst nichts dazwischen.
Weiß aber kein bißchen zu sagen: warum.

Ich scheitre ja schon an so harmlosen Fragen
wie: Krieg gegen Krieg, ist das auch Krieg? Und gar:
Wenn Totsein zum Weinen ist, darf man dann sagen,
daß Feinde auch totgehn? Und Feinde beklagen?
Da steht man als Laie ganz fragwürdig da.

Man versteht ja zuwenig von höheren Werten.
Wen ich totschlagen muß, woher weiß denn das ich?
Wenn ich selbst einen aussuch', bestimmt den Verkehrten.
Ich denke da manchmal zum Beispiel – an mich.

HERR ES WARNT IN EINER LEIDENSCHAFTLICHEN ANSPRACHE VOR DEN GEFAHREN DES ALKOHOLS

Eines müßt ihr doch zugeben:
Wär' es gewesen Gottes Wille,
daß die Menschen im Suff leben,
hätt' er uns eben
von vornherein mit soundsoviel Promille
hergestellt oder angefertigt.
Infolge dieser Einsicht werd' ich
nüchtern bleiben.
Prost.

Denn nur durch die Schärfe des ungetrübten
Gedankens vor allen Dingen
kann der Mensch die mit Recht so beliebten
geistigen Werke vollbringen.
Zum Beispiel . . . Mir fallen grad keine ein.
Sargdeckelfabriken oder Schnapsbrennerein.
Oder Lokusumrandungen oder Handgranaten.
Infolge dieser Einsicht kann ich jedem nur raten,
nüchtern zu bleiben.
Prost.

Auch aus ästhetischer Erwägung
soll der Mensch oder Invalide mit Holzbein
auf die anmutige Schönheit seiner Bewegung
achten und peinlich stolz sein.
Indem alle lieblichen Gebärden,
aufrechte Ohren und übrige Glieder
unbrauchbar und schlapp werden.
Was also einsehn wir wieder?
Nüchtern bleiben.
Prost.

Und es kommt noch hinzu:
Schnaps erzeugt Wohlbehagen.
Aus Wohlbehagen könntest du
deinem liebsten Vorgesetzten sagen:
„Das größte Arschloch sind Sie noch längst nicht, Herr Klein."
Man schämt sich später jahrelang für solche Schmeichelein.
Oder man schwört aus Wohlbehagen,
in Zukunft dem Alkohol zu entsagen.
Also, nüchtern, wenn Sie mich fragen,
bleiben.
Prost.

Und damit will ich zusammenfassen:
Die Welt ist eine Trinkerheilanstalt.
Noch niemand wurde als geheilt entlassen.
Denn nüchtern ist: wer mit den Wölfen lallt.
Wer seine Leber liebt mehr als sein Leben,
ist sowieso besoffen. Von Natur.
Weil: wer sich selbst erkennt, *muß* einen heben
und fliehn in die Sich-selbst-Entziehungskur.
Also, verehrtes Publikum:
Nüchtern bleiben.
Ich fall gleich um.
Prost.

AUS DEM NACHLASS

(OHNE TITEL)

HERR Es als Leser von Gedichten
liebt es, sich seelisch aufzurichten
an solchen, die unfertig enden –
der Kenner weiß schon: an Fragmenten.

Herr Zet jedoch haßt alle Sachen,
die Leute nicht zu Ende machen.
Ein noch nicht fertiges Gedicht
gehört auch nicht veröffentlicht;
der unnatürliche Genußschluß
ist Euphorismus interruptus!

HERR Es erklärt Herrn Zet mit Liebe:
dies grade, daß hier

(unvollendet)

OMA REIMER & CO.

DER ALTE STRASSENFEGER UND DAS FREMDARBEITERPROBLEM

Hat es jemand schwerer
als die Straßenkehrer?
Sah heute einen
nahe dem Weinen.
„Wie diese Makkaronifresser“,
sagt er, „schon den Besen halten.
Jeder Bekloppte kann das besser
(jeder deutsche Bekloppte!)
als diese Gestalten.“

„Wir haben noch Qualität gefegt“,
sagt er, „das waren noch Zeiten.
Da hatte vielleicht ein Hund einen Haufen hingelegt,
aber nachher konnten Sie da Ihr Frühstück bereiten.
Deutsche Straßen, deutsch gereinigt.
Von deutschen Kolonnen. Amtlich bescheinigt!“

„Und jetzt? Ein Trauerspiel.
Kein Fegen. Kein Besengefühl.
Kein Schwung in der Borstenführung.
Bloß nicht zu gründlich. Bloß keine Verzierung
abgebrochen, die Herren aus Sizilien.
Hier die Moneten zusammenfegen
für fünfundzwanzigköpfige Familien,
und wir als deutsche Reiniger von Anlagen und Wegen
sehn altehrwürdige Fegekunst
von Leuten verhunzt,
die zu Hause keine Schaufel haben
oder geschweige denn einen Straßengraben.“

„Und Sie werden sehn:
Bis zum Hals wird Deutschland im Kehricht stehn.
Und ein Ruf wird ertönen, mein Lieber:
WIR WOLLEN DIE ALTEN FEGER WIEDER!“

Schlimme Beine hat sie, Oma Reimer.
Aber ihre Fenster sind blitzblank.
Freitags steigt sie immer mit dem Eimer
und dem Fensterleder auf die Fensterbank.

Ah, das Ischias. Es gibt nichts Schlimmres.
Und dann tritt sie, weil die Pflicht sie ruft,
raus ins Freie, auf den Vorsprung des Gesimses.
Unter ihr drei Stockwerk nichts als Luft.

Halt! He! Halt! – Da sieht sie in der Tiefe . . .
So ein Bengel. Muß der doch bei Rot . . .
Fehlt nicht viel, daß er ins Auto liefe!
Oma Reimer mit dem Eimer droht.

Und das Asthma. Hört ihr Oma schnaufen?
Hört ihr nicht, daß Oma nicht mehr kann?
Gute Hausfrau'n putzen auch von außen,
aber außen kommt man so schlecht an.

Ach, das weiß sie jetzt schon, Oma Reimer,
daß im Himmel auch kein Aas die Fenster putzt.
Nein, vor Gottes Thron tritt sie nicht ohne Eimer
und den Lappen, den sie dreißig Jahr benutzt.

So. Das reicht. Schon schwingt sie sich mit einer
Rolle rückwärts von der Fensterbank.
Schlimme Beine hat sie, Oma Reimer.
Aber ihre Fenster sind blitzblank.

Ich sah den Kardinal, den Dings,
im Fernsehn heute. Ja, den Frings.
Ich hatte den noch nie gesehn,
und er ist doch ein sehr berühmter Mann,
der Frings, der Kardinal.
Ist das nicht einfach wunderschön,
daß man so große, fromme Männer mal
im Fernsehn aus der Nähe sehen kann?

Er hat so kluge Äuglein, die von rechts nach links
flink hin- und hergehn, dieser Mann, der Frings.
Und auf dem Kopf trug er ein kleines Dings,
wie soll ich sagen, so ein Dings, 'nen Filz,
nicht größer als ein mittelgroßer Pilz,
natürlich ohne Stengel, das ist klar.
Der Filz-Pilz, dieses Pilz-Dings war
für einen Hut bei weitem viel zu klein.
Und trotzdem stand der Kardinal im Frei'n,
das sah man deutlich in der Tagesschau.
Es wird wohl nicht sehr kalt gewesen sein.

Ich schreib' von diesem Hut nur so genau,
weil man bei einem sehr berühmten Mann
doch nichts genau genug bemerken kann.
Ich weiß nun zwar im einzelnen nicht mehr,
was er gesagt hat. Aber es war sehr,
es war von christlichen Gedanken nur so voll
(wie man von einem Kardinal es auch erwarten soll),
man hörte das so wunderbar heraus,
er sprach die Worte so . . . so christlich aus,
nun ja, so herzlich, so ausdrücklich milde,
so daß man merkte: wovon er auch spricht,

der Mann meint etwas Böses sicher nicht,
vielmehr führt er was Heiliges im Schilde.

Nun kann es aber möglich sein,
daß ich mich irre. (Aber nein!
Ich meine nicht in seiner Heiligkeit.)
Nur frag' ich mich die ganze Zeit,
ob es vielleicht gar nicht der Dings
gewesen ist, der ... na, der Frings.
Vielleicht war es ein völlig andrer Kardinal,
ich täusche mich da hin und wieder mal.

Übrigens: Deutschland gegen die Schweiz –
da hätten wir in der ersten Halbzeit bereits
zwei Elfmeter haben müssen.
Das bemerkte ich allerdings
erst hinterher, erst nach dem Frings.
Und nun möchte ich bloß mal wissen,
ob das mit dem Filz
(Sie wissen doch: dieser stiellose Pilz ...)

Daß mich so nichtige Fragen quälen,
ist selbstverständlich grundverkehrt.
Aber – ob das wohl bei Kardinälen
so gehört?

Herr Heberle auf dem Friedhof ruht.
Herr Heberle, der hat es gut.
Frau Heberle wickelt seinen Stein,
noch ehe der Frost kommt, in Plastik ein.

Und ist der böse Winter vorbei,
alle Gräber jauchzen und singen schneefrei,
befreit Frau Heberle in ihrer Güte
ihres Mannes Stein von der Plastiktüte.

Der fühlt sich erst noch etwas nackt
und niest, weil ihn fröstelt, so unverpackt.
Doch dann begreift er: 's ist Frühlingszeit.
Frau Heberle macht ihren Mann bereit.

Herr Zech hängt im Foyer.
Er lächelt so mild und so weh.
Er sitzt auf einem hohen Stuhl
und hat ein festliches Gefuhl,
wie's niemand sonst empfindet.
Denn er hat die Firma gegründet.

Sein Blick, so mild und blau,
ruht auf der Reinmachefrau,
die schrubbend übern Marmor fährt,
den großen Hintern ihm zugekehrt.
Doch wie sie auch schwitzt und sich schindet:
er hat die Firma gegründet.

Herr Zech in Öl gemalt,
hat sich noch selbst bezahlt.
Und damals prangte am Revers
ihm noch das Zeichen deutscher Ehr',
das heut' sich dort nicht mehr befindet.
Denn er hat die Firma gegründet.

Nur manchmal nachts scheint frech
der Mond ins Foyer auf Herrn Zech
und lächelt gutmütig und breit:
„Nicht wahr, alter Junge, schön war die Zeit."
Was Herr Zech ganz unpassend findet.
Denn er hat die Firma gegründet.

Der Mann mit der Holzhand, der Fahrstuhlmann,
der hat mir das Leben erklärt.
Weil nämlich, sagt er, es kommt darauf an,
statt sich fahren zu lassen: daß man selber fährt.

Zum Beispiel, sagt er, Sie müssen dahin,
wo ich jetzt drücke. Sie stehen da bloß,
während ich hier für alles verantwortlich bin.
Zweiter Stock. Erster Stock. Erdgeschoß.

Natürlich: das hat man oder lernt es nie.
Erfrischungsraum. Vorsicht Stufe.
Ich bin mal geflogen, wissen Sie.
Das sind ja verwandte Berufe.

Aber hier steht man nicht, wie es so schön heißt,
auf der Erde mit beiden Beinen.
Daß der Tag wird kommen, wo das Hauptseil reißt,
ist ja logisch für unsereinen.

An Katastrophensituationen
ist man schließlich gewöhnt. Mann, da ist was los,
wenn die Kiste hier stehnbleibt mit siebzehn Personen
fünf Stunden zwischen Parkdeck und viertem Geschoß.

Damenunterbekleidung. Eiskalt muß man sein.
Damit keine Panik ausbricht.
Glühwürmchen singen oder Hänschen klein
oder Siehst Vater du den Erlkönig nicht.

Wie ich schon sagte . . . Sie müssen hier raus.
Am Knopf sein und über den Dingen schweben.
Dann hält man das Leben – Gardinen! – auch aus.
Und Rolltreppen sind gar nichts dagegen!!

GROSSES ERBAUUNGSGEDICHT ANHAND EINES LEBENDEN VORBILDES, BENANNT HERR KRÖGER

Ich meine einen, aber der heißt gar nicht Kröger.
Ist ja auch uninteressant.
Jedenfalls: Kröger.
Sauber. Integer.
Und ich mache euch jetzt mit Herrn Kröger bekannt.
Weil es einen jeden moralisch hebt,
wenn er Herrn Kröger erlebt.

Herr Kröger sitzt übertags im Büro
und flötet und ist richtig froh.
Und bleibt auch so.
Von sieben bis sechzehn Uhr
eine hundertprozentige Frohnatur.

Wenn unsereins mit seinem Plattfuß im Herzen,
zum Beispiel mittwochs morgens im September, wenn es regnet,
mit Gallen- oder so ähnlichen Schmerzen
Herrn Kröger begegnet,
wird er mit jugendlich-herzhaften Scherzen
beregnet, gesegnet.

Man möchte um Hilfe schrein!

Dabei habe ich gar nichts gegen Herrn Kröger! Nein!
Er kann sich am kleinsten Kaktus erfreun.
Steht morgens immer rechtzeitig auf,
macht Gymnastik und Dauerlauf
und achtet auch die geringen Dinge
auf seinem Wege nicht geringe.

Und, sagt er, sehn Sie mal: schön ist die Welt.
Wenn man auf Ordnung hält.
Man muß auch mal, sagt er, übern Zapfen schlagen.
Sich ruhig mal streiten. Und wieder vertragen.
Weil der Mensch, wenn er Sport betreibt,
bis ins hohe Alter irgendwas bleibt . . .

Auf Regen, sagt er, folgt Sonnenschein.
Jeder Mensch ist seine Glücksschmiede allein.
Denn wer schafft,
hat auch Kraft,
aber wer sich nicht zusammenrafft,
sondern gafft,
erschlafft.
Arbeit ist der schönste Saft!

Und deshalb meine ich man:
Wenn einer von euch mal nicht mehr kann
oder überhaupt ein Tunichtgut ist,
dem weniger nach Müssen als nach Mögen zumut ist,
der soll sich zusammenreißen!!

Und Trost finden an dem Gedanken, wenigstens
nicht auch noch Kröger zu heißen.

Von drunt' vom Hafen komm' ich her.
Ich muß euch sagen, es war ziemlich schwer,
auf St. Pauli bei leichten Mädchen und Seebär'n
den Alten mit seinem Sack aufzustöbern.
Und wie ich so schritt durch das Schneegeriesel:
bei der Großen Freiheit fand ich ihn dann
in einer polizeilich verbotenen Piesel
und stinkbesoffen – den Weihnachtsmann.

Er hing an der Theke, soff Grog und sang stolz
(und es lauschten andächtig die Gäste)
die Ballade: „O Tannen-, o Tannenholz,
wie klebrig sind deine Äste!"
Sein traditioneller, weißwallender Bart
geriet ihm des öftern ins Grog-Glas,
wobei er nach typischer Weihnachtsmannart
leicht schräge auf seinem Bock saß.
Das war eine Stimmung! So weihnachtlich!
Zwei Striptease-Engelchen setzten sich
dem Weihnachtsmann auf die Beine
(die hatten ganz schön einen sitzen,
und da sah man die Lichtlein blitzen . . .)
und schließlich weinte die eine:
O, lieber guter Weihnachtsmann,
nun fang mit der Bescherung an!
Und da verhaute der Gute
die Weiber mit seiner Rute . . .
Und dann grölten wir alle im Männerchor
das Lied vom offenen Himmelstor,
und der Weihnachtsmann rief: Hosianna! Hepp, hepp!
und versuchte samt Sack einen Solostep,

wobei er geschickt auf den Tischen sich tollte
und plötzlich dumpf dröhnend zu Boden rollte.
Da ertönte ringsum der fromme Appell:
„Hebe die Beine und spute dich schnell!“

Es klangen die Glocken,
es fielen die Flocken,
es qualmten die Socken,
es eilten die Stunden, acht Glasen, veer Klocken,
Ahoi! holder Knabe mit goldenen Locken,
kein Auge blieb trocken,
und den Weihnachtsmann sah man nur groggen und groggen!

Der Wirt war am Bierhahn längst eingeschlafen.
Es tuteten weihnachtlich-milde vom Hafen
die Werft- und die Schiffssirenen.
Aber noch immer gab einer der Engel
nicht Ruh mit dem christlichen Liebesgequängel
und flocht, um den Weihnachtsmann zu verwöhnen,
Bierdeckel in seinen Bart und Brezelgeschmeide
und sprach: „Ich verkündige dir große Freude ...“

Der Weihnachtsmann ergriff seinen Sack.
„Du Naseweise, du Schelmenpack,
du Aufgebundene bis untenhin,
du glaubst wohl nicht, daß ich der Weihnachtsmann bin?“
Und fing an zu weinen. Von einer Marie,
die eigentlich eine Jungfrau hold.
Auf dem Heiligengeistfeld habe er sie
überredet zu was sie von selbst nie gewollt.
Und Weihnachten dürfe ihn keine verführen –

und begab sich hinaus auf die Reeperbahn
(den Sack auf dem Rücken, auf allen vieren,
vermied er es klug, die Balance zu verlieren),
wobei er entsetzlich zu grölen begann:
„Die Menschen, die haben keine Frömmigkeit nicht!“
Und entschwankte zur Fähre. Zur ersten Schicht.

Fräulein Hilde lernt Friseuse.
Und nun hat sie bald die Schnauze voll.
Und ihr Alter ist ihr sowieso schon böse.
Weil sie nicht so spät nach Hause kommen soll.

Andern Leuten in die Haare fassen.
Manchmal ekelt sie sich wirklich sehr.
Warum einige sich noch frisieren lassen:
Vorher schon zum Fürchten – und erst hinterher.

Haarefegend träumt sie so im stillen:
Alle diese Hühnchen, schlaff und weiß,
müßte man in ihren Hauben – grillen.
„Recht so, Frau von Carsten, oder schon zu heiß?"

„Kindchen", sagen diese fetten Mütter,
diese Ungeheuer mit dem Tortenkopf.
Ketchup wünscht sich Fräulein Hilde bitter,
wenn sie Birkenwasser auf die Häupter tropft.

Ach, die ganze Welt ist eine Lüge.
Falsche Haare und Lavendelduft.
Alles lacht und riecht gut, und ich kriege
in den Wohlgerüchen keine Luft.

Eins kann Hildes Vater nicht verstehen:
Wo er immer alles für sie tat –
muß sie ausgerechnet nun mit einem gehen,
der nach Knoblauch riecht und lange Haare hat?

Karl Friedrich Grunwaldt, als er sonntagsfrüh
sein abgewintertes Volksauto wieder
zu Glanz erweckte – vorher selbst ein müder
Verkrusteter, erlebte staunend, wie

mit jedem weitern Auftrag Politur
sein eigner Innen-Lack zunehmend glänzte,
Karl Grunwaldts Herz ward frühlingsfroh, es lenzte,
als er das Aufpolierte probefuhr.

Doch ach! Wie abhängig von lächerlichem
Besitz kann eines Grunwaldts Zustand sein.
Beweis: Als nun, weil er nicht ausgewichen,

ein andrer Grunwaldt Grunwaldts Glanzstück roh
zerbeulte, war – nimmt uns das wunder? – nein! –
auch Grunwaldt selbst nicht mehr recht frühlingsfroh.

ZÄRTLICH ERMATTET

Das war in Bargteheide.
Das ist schon lange her.
Da machten wir uns beide
eine gegenseitige Freude . . .
Weißt du das gar nicht mehr?

Der Mond von Bargteheide
war grüner als das Gras.
Der Mond war grün vor Neide
auf uns und unsre Freude.
Erinnerst du dich an das?

Der Mond hat mit der Zeit sich
verwandelt als ein Greis.
Ach, nichts hat mehr erfreut mich,
nichts mehr so gegenseitig.
Weißt du noch, was ich weiß?

ABENDGEBET

Lieber Gott, behüte meine Frau,
meine lieben beiden Kinderlein
und die Hure Doris Dobberkau,
die mir alle vier das Herz erfreun.

Eine Himmelsgabe, Herr, ist meine Frau.
Engelchen sind Max und Margarete.
Und die Hure Doris, falsch und schlau,
die ist schuld, o Herr, daß ich noch bete.

FRAGE AUF DEM KANAPEE

Auf ihrem gefundenen Kanapee
lagen wir zärtlich ermattet.
Sie sprach: „Ist die Frage gestattet:
CDU oder SPD?"

Ich sagte: „Mein Vögelchen, tu mir nicht weh.
Falls du die CDU liebst:
Ich lieb die Partei, welche du liebst."
(Das verzeiht mir die SPD)

STROHWITWER AN SEINE FRAU

Da drüben steht ein Mann auf dem Dach
und teert es.
Ich bin ganz krank und schwach,
mein liebes Weib, mein hochverehrtes,
du fehlst mir. Ach.

Das Fräulein Hilde, welches ich gebeten,
dich in deiner Abwesenheit
an Tisch und Bett zu vertreten,
bin ich schon leid.

Ich fühle mich so unverstanden und allein.
Ach, komme doch bald.
Morgens ist mein Rasierwasser kalt,
und ich mag kein kaltes Rasierwasser, nein!

Jetzt hat der Mann das Dach geteert
und wird sich nach Hause begeben.
Ja, der hat wenigstens, wo er hingehört!
Führt nicht so ein beschissenes Leben
wie ich, der ich am Fenster stehe
und mir besehe,
wie man Dächer teert.

Übrigens halte ich es für ganz verkehrt,
daß manche Männer ihre Frauen
knebeln, durchsägen und verhauen
oder auch regelrecht totmachen.
Frauen sind nützlich. Können Butter aufs Brot machen,
Betten ausklopfen,
küssen und stopfen,

Bier aus dem Keller rauftragen
und die Blumen begießen.

Und ich muß sagen:
ich würde es sehr begrüßen,
wenn du, mein liebes ... Ach, sieh an:
jetzt ist er vom Dach gefallen, der Mann,
der da drüben geteert –
... Weib, wollt' ich sagen, schon bei mir wärst.

'ne eigne Frau am Herd ist Goldes wert.
Denn nun merke ich erst,
wozu man dich alles gebrauchen kann.
In Liebe. Dein Mann.

Als ich aus dem Fenster sprang,
hoffte ich sekundenlang,
ob es mir nicht noch gelänge,
dadurch, daß ich langsam spränge,
sozusagen nur zu schweben
und den Sprung zu überleben.

Aber gleich lag ich im Blut.
Polizei – tatü, tatuut –
hat mich fleißig eingesammelt
und in einen Sarg verrammelt.
Mir ist kalt. Denn nun bin tot ich.
Deinetwegen. Idiot ich.

Herr Nöppe und Herr Strattemann,
die sahn sich eine Ratte an
wohl mitten auf der Treppe.
„Pfui Teufel“, sprach Herr Nöppe.

Herr Breitdach zu Herrn Mönewind
sprach: „Sehn Sie dieses schöne Kind?
Nein, die nicht, sondern die da!“
Das Mädchen hieß Anita.

Herr Mönewind, Herr Breitendach,
was sehn Sie diesem Mädchen nach?
Gehn Sie nur zu Herrn Nöppe
und sehn sich an der Treppe
zusammen mit Herrn Strattemann
gefälligst eine Ratte an!

ÜBRIGENS . . .

Ich hatte einmal einen Feind.
Der haßte mich Tag und Nacht.
Der hätte mich, was mir auch logisch erscheint,
von Herzen gern umgebracht.

Dann aber: bekam ich noch einen Feind.
Und ich dachte: Zwei Feinde, na ja.
Doch was ich dabei übersah:
Daß mein zweiter Feind mit dem ersten Feind
schon zehn Jahre verfeindet war.

Das merkte ich erst, als mein erster Feind
mich anrief: „Grüß Gott und blaba,
der Dings, wie mir scheint, ist dein Feind, mein Freund.
Ein gemeinsamer Feind, der vereint, mein Freund,
küß die Hand tatatü, tatata."

Sogleich erschien mir mein zweiter Feind
nicht mehr ganz so schlimm, wie er war.
Denn ich dachte: Ein Feind, der es feindlich meint,
der kann doch nicht sein meines Feindes Feind.
Ja, ich sah überhaupt nicht mehr klar:

Denn ich hatte zwei feindliche Freunde zum Feind.
Ein Gedanke, so traurig, so schön.
Ich hab' mich betrunken, gelacht und geweint.
Feiner Freund, lieber Feind, o du feindlicher Freund.

Ach nimmer wird, wer mit *einem* Feind,
was Feindschaft ist, zu begreifen meint,
das Geheimnis der Freundschaft verstehn.

Auf der Versammlung junger Maulwürfe
rief der Vorsitzende: Hier ist verschiedenes faul!
Als erstes schon die Bezeichnung „Maul".
Und zweitens: Kein Mundwurf, der Fortschritt will, dürfe
das unwürdige Spiel des Systems mitspielen,
im Untergrund und im Dunkeln zu wühlen.
Vorbei, Mundwürfe!, die Zeiten der Schwäche.
Ans Licht! Aus den Gängen! Zur Oberfläche!!

Ein alter Maulwurf, dies mithörend, fühlte,
daß er nichts mehr verstand. Verständnislos wühlte
er tiefer und tiefer und dachte: Ja, Licht!,
das findet ihr nicht,
wo die Sonne scheint.
Sondern, wer es ehrlich mit dem Aufstieg meint,
der muß nach unten in die Nacht der Erden,
um eines Tages sehend zu werden . . .

(Also ich persönlich sehe keinen Grund
gegen den Vorschlag der Jungen „Statt Maul jetzt Mund")

Scheußlich, wie die Drossel singt!
Auch die Sonne sticht schon wieder.
Und in meine Nase dringt
Pestgeruch von weißem Flieder.

Würd' man doch den Baum absägen,
der vor meinem Fenster steht.
Daß das manche Leute mögen,
wenn ein „lindes Lüftchen" weht!

Seht nur, dieses Katzenvieh . . .
Und seht dort die falschen Weiber!
Katz und Weib, wie putzen sie
tückisch lauernd ihre Leiber!

Wie? Ob hier der Heil'ge Vater
fromm zu äußern sich geruht?
Weiß ich nicht. Ich hab' 'nen Kater,
und da geht's mir meist nicht gut.

VOM BÖSEN TREIBEN DES KANINCHENS ARCHIMEDES

Das Kaninchen Archimedes
war so frech und asozial und jedes
Taktes bar, daß es auf Gräbern saß
und die Blätter frischer Tulpen fraß.

Schon sehr früh kam es dahinter,
daß der Friedhof auch im Winter
üppiger als manche Frühlingswiese
Blümchen bietet und Gemüse.

Neben „Onkel Julius"
und „Dein Sohn, als letzter Gruß"
saß und fraß es zwischen Schleifen,
ohne etwas zu begreifen.

Und so wurde Archimedes
trotz des mahnenden Geredes
älterer Kaninchenböcke
stärkster Bock in seiner Hecke.

Daraus folgt? Nichts. Doch es soll gern,
wer das braucht, sich was draus folgern.

TRIOLETT

Als mir nichts einfiel, ist mir dies
Gedicht hier eingefallen.
Was, dacht' ich bös und grämte gries,
als mir nichts einfiel, *ist* mir dies?
Doch nichts ist nichts, wie sich erwies.
Seht, als das beste noch von allen,
die mir nicht einfieln, ist mir *dies*
Gedicht hier eingefallen.

ERGEBNIS

Ein Elektron, seit Myriaden
Jahren negativ geladen,
traf endlich, ach endlich, ein Positron.
Und das hatten sie nun davon:

Wir haben Juli. Es ist heiß.
So daß wahrscheinlich gar nicht gilt,
was ich hier lese auf diesem Schild:

Bitte betreten Sie nicht das Eis!

Daß Leute, die solche Schilder schreiben,
kein bißchen in die Zukunft sehn.
Ja, damals war's kalt. Aber heut ist es schön.
Und so wird es auch bleiben!

Geringe Abweichungen
in der Verhaltensweise
der Bahnschranken
veranlassen mich,
zu unterscheiden auch hier:

Solche, die,
wenn sie sich schließen,
sagen:
Entschuldigt,
daß wir den Weg versperren,
es ist, daß euch der Weg
nicht abgeschnitten werde
für immer –

und jene anderen
wohlbekannten,
die da rufen:
Halt!
Stehengeblieben!
Zuwiderhandlungen
werden mit dem Tode bestraft!

Das gehört sich nicht.
Das was?
Das Das.

Das Ge hört sich nicht.
Gehört sich,
daß das Ge sich nicht hört?

Gehört das Ge gehört?
Gehört sich das,
daß das Das sich nicht gehört?

Wem gehört das Das?

Wer gehört schon sich?
Wem gehört schon was?
Was gehört schon gehört?

„Das gehört sich nicht."
Hört, hört!

Wo das Gute siegt, ist das Ende.
Das Böse siegt immer am Anfang.
Wenn das Ende kommt, kommt das Gute.
Wenn das Gute siegt, ist alles zu Ende.

Am Anfang siegt das Böse.
Aller Anfang ist schwer.
Das Böse hat es schwer. Am Anfang.

Am Ende verliert immer das Böse.
Das Böse ist am Ende immer am Ende.
Das Ende ist der Anfang des Guten.
Wäre das Ende der Anfang
und der Anfang der Anfang des Guten,
wäre das Ende des Bösen der Anfang.

So aber:
Siegt immer das Böse.
Bis zum Ende.

WIR LOBEN UND DANKEN

Ihr Freunde, ich hab' Wein im Haus und Käse.
Und wißt: ich trink und eß, und zwar: allein
oder mit euch, mir gleich! Kommt nur herein,
trinkt mit und eßt und predigt eure These,

daß, wer im Wohlstand lebt, wenn noch gekämpft wird,
nicht mitkämpft oder schlimmer: gegenan.
Und seid gewiß, daß ich gut hören kann,
wenn mir die Lust davon auch nicht gedämpft wird.

Wer alles – gebt das zu! – ist hingesunken
vor uns und hatte weder Wein getrunken
noch was gegessen, nicht mal hartes Brot!

Und ich, entschuldigt mich, seid mir nicht böse:
Ich *habe heute* Wein im Haus und Käse
und bin betrunken fröhlicher als tot!

Fleißig, friedlich,
unermüdlich,
emsig, emsig schafft die Welt.
Das bewegt sich,
rührt sich, regt sich,
wie's dem lieben Gott gefällt.

Flinke Bienen,
Mischmaschinen
brummen brav ihr Arbeitslied;
alles dreht sich,
blind versteht sich
Zahnradzahn mit Kettenglied.

Kessel dampfen,
Kolben stampfen,
Umlaufkühler kühlt und klärt.
Der Ventile
Flötenspiele –
muntres Produktionskonzert.

Wie? Ein Händchen
Kieselsändchen
ins Ventil und Klappe zu?
Ei, bezähm' dich,
Teufel, schäm dich,
böser, destruktiver, du!

Wichtig ist die Umsatzsteuer.
Der ewige Rhythmus Vergehe-und-Werde.
Die Produktion präparierter Blumentopferde
konnte in den letzten beiden Quartalen
sowohl in Bayern als auch in Westfalen
um das Doppelte gesteigert werden.
Aber Blumentopferden
sind immer noch etwas zu teuer.

Sie haben gar keinen Blumentopf?
Die Zuwachsrate an Blumentöpfen
scheint sich tatsächlich stark zu erschöpfen.
Im letzten November fiel auf den Kopf
der Bevölkerung dreieinhalb Blumentopf.
(Die Zahl ist natürlich statistisch entstellt,
weil auf keinen Kopf ein halber Blumentopf fällt.)

Sie mögen Gewächse lieber freier und wilder?
Die Produktion europäischer Waldwegschilder ...
Sie richten sich nach Schildern nicht?
Die staatsbürgerliche Orientierungspflicht ...
Am wo? Am Arsch soll ich Sie lecken?
Meine Kompetenzen erstrecken
sich bisher leider nicht so weit.
Und dann: die Freiheit der Persönlichkeit ...
Im übrigen müssen Sie selber wissen,
ob Sie mich oder ob Sie mich nicht anpissen.

Zur Zeit partizipieren wir etwa ein Drittel
am europäischen Markt für harntreibende Mittel.

Man hält dem Chef die Tür auf.
Hebt herumliegendes Papier auf.
Grinst nicht, wenn man gefragt wird.
Tut sofort, was einem gesagt wird.

Bietet Älteren seinen Platz an.
Fängt die Rede nicht mitten im Satz an.
Ist fleißig, weil Arbeit nicht schändet
und dumme Gedanken abwendet.

Respektiert, was der Meister spricht.
Er hat Erfahrung, du nicht.
Man ist dankbar für sein Lehrgeld.
Immer höflich, wenn's auch schwerfällt.

Man achtet auch auf sein Aussehn.
Denkt nicht immer nur ans Ausgehn.
Zeigt, daß man vorankommen möchte.
Pocht nicht dauernd auf seine Rechte.

Ordnung hält man penibel.
Weiß, daß man als notwendiges Übel
ohne die Firma verloren ist.

Und entschuldigt sich,
daß man geboren ist!

Immer wieder fällt mir ein:
Der Kardinal weiht die Radfahrer ein.
Oder anders gereimt: Immer wieder begegnet
der Kardinal mir, der die Radfahrer segnet.

Das habe ich wirklich, ganz lange her,
mal selber erlebt. Auf der Straße. Wie er,
der Kardinal, sich sportlich beteiligt,
indem er die Radfahrer heiligt.

Mitten beim Lesen von Flugzeugunglücken,
bei Auffahrunfällen, beim Möbelverrücken,
in den allerentlegensten Augenblicken
erscheint mir dieser sympathische Mann
und segnet die Radfahrer an.

Ob es Gott vielleicht gibt und ob Gott überhaupt
bejahendenfalles fest an mich glaubt,
ist mir alles nicht klar. Aber dann und wann
bin ich richtig froh, daß ich radfahren kann.

Im Fernsehen hab' ich gesehen
den berühmten Parteivorsitzenden
menschlich-privat bei den Arbeitern stehen,
richtigen schwitzenden.

Er hat ein besorgtes Gesicht gemacht.
Sehr christlich und sehr demokratisch.
Und obwohl er besorgt war, hat er auch mal gelacht.
Alle Arbeiter waren ihm furchtbar sympathisch.

Ich dachte schon: gleich zieht er 'n Anzug aus
und geht an die Drehbank und dreht was.
Hielt sich aber doch – wegen der Innung – da raus.
Wer die Vorschriften kennt, der versteht das.

Am liebsten, nach rein menschlichem Empfinden,
kreuzt' ich ihn an auf der Wähler-Liste.
Wenn ich nur nicht aus ganz andern – aus politischen Gründen –
ewig Es-Pe-De wählen müßte!

BOTSCHAFT FÜR OPA HEIDORN (IM NOVEMBER 1972)

Opa Heidorn, hör' mal zu
in deinem dämlichen Grab,
alter sozialistischer Dickkopf du,
was ich hier für Neuigkeit hab'.

Ich seh' dich noch in der Küche stehn.
Der Krieg war grade um.
Du sagtest: Mein Lieber, du wirst sehn,
der Mensch bleibt nicht ewig dumm.

Ich sagte: Opa, alter Phantast.
Achtzig, und hofft wie ein Kind.
Wann du wohl endlich begriffen hast,
daß die Starken die Schwächeren sind.

Opa, ich hatte mal wieder nicht recht.
Deutschland in friedlicher Zeit?
Womit ich mich höflich entschuldigen möcht'.
Ruhe sanft. Du kannst es für heut.

1942 Grete Schildknecht.

Die Kneipe, wo ich verkehre,
drei Bier trink und vier Bier bezahl,
die Deutschland heißt, die wäre,
wie ich von Leuten höre,
ein ziemlich unanständiges Lokal.

Dabei – und das ist das Schlimme:
ich hab' meine Kneipe lieb.
Obwohl ich selbst ergrimme
und denen, die sagen, zustimme,
daß man hier Unzucht und Notzucht trieb.

Zwei deutsche Skatvereine
meine Kneipe zu Gästen hat.
Laut grölt und besäuft sich der eine.
Von dem andern kenn ich fast keine.
Die kloppen ihr'n Skat separat.

Und die an der Theke sitzen,
die Herren lassen keinen mehr ran.
Der Wirt hält sie aus, und sie schwitzen
bei Würfeln und kernigen Witzen,
über die ich nicht lachen kann.

Und gibt es mal irgenwie solche,
die die Stimmung im Laden versaun:
Gleich zücken die Kellner die Dolche,
daß sich Sänger und ähnliche Strolche
keinen Mucks mehr zu machen traun.

In *dem* Punkt kann sie trotzen
der Kritik, meine Kneipe, wie nischt.
Vor Ordnung und Sauberkeit strotzen,
ist Gesetz hier. Kriegt einer das Kotzen,
wird sofort der Tisch abgewischt.

Ich sehn' mich nach einem Weinkeller,
wo man träumen kann, wenn man trinkt,
wo man nicht gleich erschlägt den Zechpreller,
wo niemand „Zack, zack!" schreit und „Schneller"
und wo, wer Humor hat, nicht davon singt.

Ich möchte mit Menschen an Tischen
sitzen und freundlich sein,
statt, wie man hier sagt, „mitzumischen"
und nach Art des Hauses dazwischen-
zubrüllen, um dabeizusein.

Oft denk ich: Am liebsten noch heute –
nichts wie weg, ich verlaß dies Lokal.
Und ich weiß doch: Ich kann nicht. Ich bleibe.
O, Deutschland, du meine Kneipe.
Hier sitz ich, sauf mit und bezahl.

Das muß schön sein: Dummheit nicht zu merken.
Dummheit ist an sich schon angenehm.
Doch sich selbst in Dummheit zu bestärken,
froh und dumm in Worten und in Werken,
das ist herrlich, das ist schön bequem.

Daß ich dumm bin, hab' ich nie bestritten,
doch ich quäl' mich noch damit herum.
Dummheit ist nicht gegen gute Sitten.
Ach, was hab' ich unter Dummheit schon gelitten –
sich der Dummheit schämen: das ist dumm.

INHALT

STRENG VERTRAULICHES ÜBER HERRN ES

OMA REIMER & CO.

ZÄRTLICH ERMATTET

ÜBRIGENS . . .

WIR LOBEN UND DANKEN